Nine Hundred Quatrains

Kamal Hajian

Title: Nine Hundred Quatrains

Author: Kamal Hajian

First edition

Place of publication: Ankara, Turkey

Publication date: January 20th 2023

Print: IngramSpark®

ISBN: 978-605-72797-0-5

Copyright © 2023 by Kamal Hajian

- Electronic version of this book is free, and can be downloaded from the link below:
  https://www.kamalhajian.com/poem.html

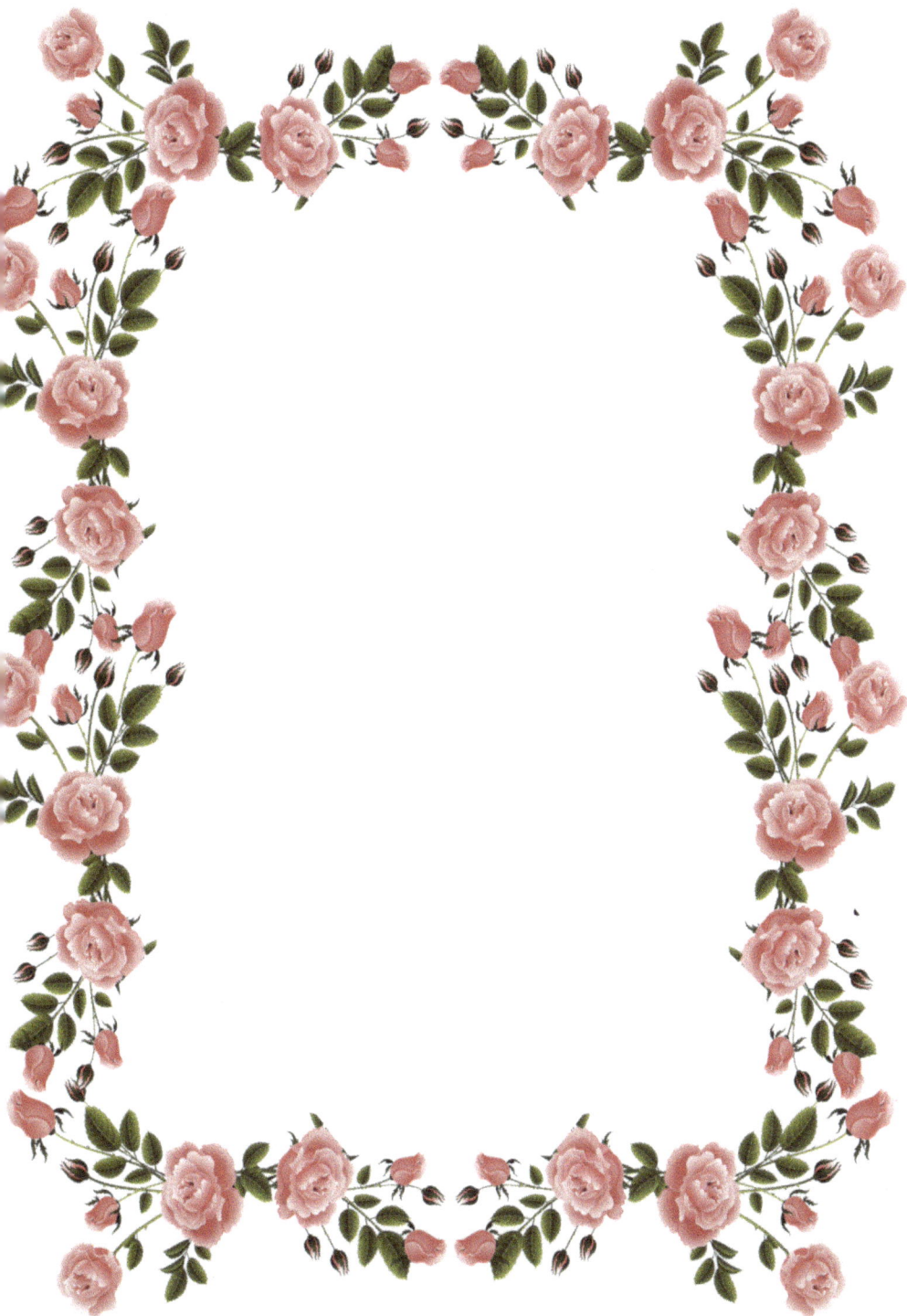

نهصد رباعی

کمال حاجیان

نام کتاب: نهصد رباعی

شاعر: کمال حاجیان

ویرایش: اوّل

محل نشر: آنکارا، ترکیه

تاریخ نشر: سی‌ام دی‌ماه ۱۴۰۱ خورشیدی

چاپ: IngramSpark®

شابک: ۹۷۸-۶۰۵-۷۲۷۹۷-۰-۵

- کتابهای سیصد و ششصد رباعی، جلدهای اوّل و دوّم از این مجموعه‌ی سه جلدی می‌باشند.

- تعداد ۱۷ قطعه از رباعیّات این کتاب به همراه بازبینی و تصحیحات کل مجموعه، هدیه‌ای از طرف یکی از دوستان عزیز می‌باشد و به درخواست ایشان از ذکر نامشان خودداری می‌شود.

- رباعیّات بر اساس ترتیب الفبایی بخش انتهای مصرع اوّل مرتب شده‌اند.

- نسخه‌ی الکترونیکی این کتاب رایگان است و از وبگاه رسمی شاعر در نشانی زیر قابل دانلود می‌باشد:
https://www.kamalhajian.com/fa/poem.html

-

چاپ و نشر این کتاب، بدون دخل و تصرف در محتوای آن بلامانع است.

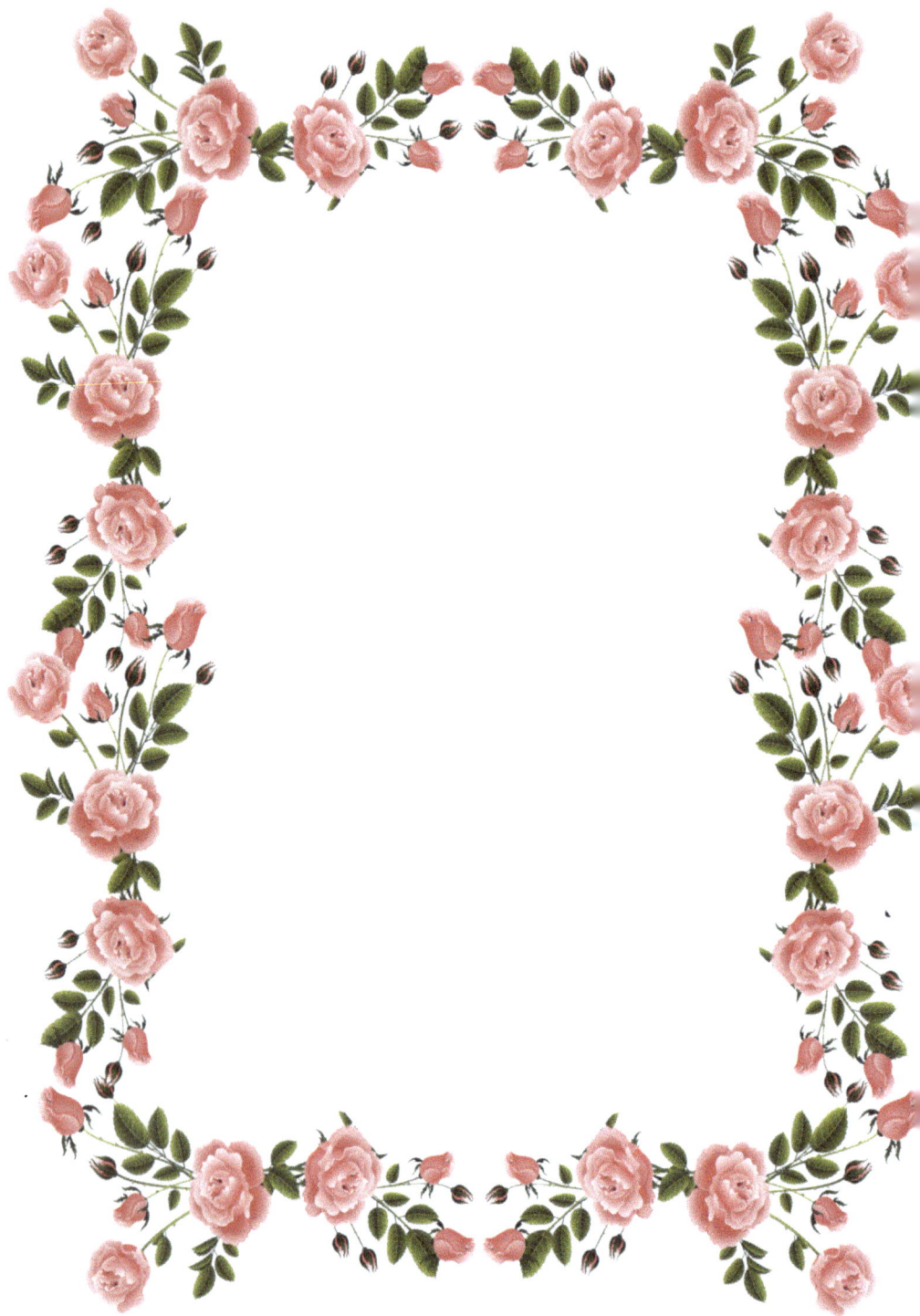

پرواز دوباره‌ات مبارک بادا

آواز دوباره‌ات مبارک بادا

ای بلبل بیقرار! ای بانگ بهار!

آغاز دوباره‌ات مبارک بادا

باغت به جهان پر از اقاقی بادا

یارت به جهان همیشه ساقی بادا

راهت به جهان پر از تلاقی بادا

نامت به جهان همیشه باقی بادا

داری چو به سر هوای یک کودک را

بشنو ز من این نصیحت کوچک را

باید که به آینده‌ی آن فکر کنی

زان پیش که در به در کنی طفلک را

نهصد رباعی

گفتی ز ازل به ما نظر بود تو را
وز حال کنون ما خبر بود تو را

بودی نه اگر خدای رحمان و رحیم
دیگر چه برای ما به سر بود تو را!

نهصد رباعی

بنگر که شب آمد و برون شد مهتاب

از خواب گذر دمی و خود را دریاب

پیمانه بجوی و دلبر و باده ی ناب

کاین فرصت مغتنم نیابی در خواب

نهصد رباعی

گشتند زنان اسیر زندان حجاب

تعزیر شدند خمار و مستان شراب

دردا که شد اینچنین کهنسال وطن

از کینه‌ی شیخ و شحنه ویران و خراب

نهصد رباعی

بی دلبر و ساز و مطرب و جام شراب
حاصل چه شود ز خواندن قصّه‌ی ناب؟

یک بوسه کنار باده و چنگ و رباب
ارزد به هزار و یک تصوّر ز کتاب

از غصّه به رخساره نبودی جز آب

از گریه دمی چاره نبودی جز تاب

ای کاش سحر رسیده، آورده خبر

از اینکه دگر باره نبودی جز خواب

نهصد رباعی

بر تربیت خران مکن هیچ حساب
خود را به عبث بر آن مده بیش عذاب

ناموخته اند اگر ز تعلیم فلک
دیگر چه توقّعی ز گفتار و کتاب

یک عدّه فقط فکر نمازند و ثواب
یک عدّه فقط فکر نگارند و شراب
یک عدّه فقط فکر حسابند و کتاب
هر یک به یقین کاّن دو تباهند و خراب

نهصد رباعی

۶۱۱

گفتند بهشت اگر بُود وعده و خواب

دیگر نه به کار ما حساب است و کتاب

از مام زمین کسی چنین داد جواب:

آرامش و خوشدلی بسی اجر و ثواب

نهصد رباعی

۶۱۲

گفتا چه کنی ز دوری‌ام؟ گفتم تب
گفتا چه ز من طلب کنی؟ گفتم لب

گفتا به عوض چه می‌دهی؟ گفتم جان
گفتا چه زمان دهم تو را؟ گفتم شب

نهصد رباعی

۶۱۳

چون تاس که کار آن ندارد اسلوب

اقبال در این جهان برآید ز آشوب

در بازی زندگی چه کس می داند

تقدیر به هر زمان بُود بد یا خوب

نهصد رباعی

۶۱۴

گر هست تو را رفیق همراه و نجیب

با قلب بزرگ و صبر و آرام و شکیب

هر لحظه به شکر و امتنان باش و سپاس

از آنکه تو را چنین کسی گشته نصیب

نهصد رباعی

همواره به زندگی فراز است و نشیب
گر شد همه دم به کامت اینست عجیب

هش دار! که در قضاوت اوج و فرود
خود را ندهی به حکم بیهوده فریب

نهصد رباعی

۶۱۶

گفتی به وفای سگ کسی نیست رقیب

وز اسب که همچو او کسی نیست نجیب

از مور ولی شنو که چون یافت شکر

از آن برسد به کام هر دوست نصیب

نهصد رباعی

ای مدّعی عصا و محراب و صلیب

رفتار تو باشدم از این باب عجیب

کز بهر شفای دیگران کرده دعا

خود رفته ولی سراغ اسباب طبیب

نهصد رباعی

هر آنچه ز نیک و بد بباید آموخت

تا مغز بُود جوان بشاید آموخت

آن کس که نیاموخت به ایّام شباب

چون پیر شود دگر نخواهد آموخت

نهصد رباعی

آن طفل که خانواده‌اش خوشبخت است

در کاخ نشسته، بسترش بر تخت است

مدیون کسی بُود که از روز نخست

همواره اسیر معضلاتی سخت است

۶۲۰

چیزی به زمانه بهتر از خواب کجاست؟

خوشتر ز شراب و باده‌ی ناب کجاست؟

ما را بجز این دو موهبت در دنیا

درمان دگر به جان بی‌تاب کجاست؟

نهصد رباعی

621

گیرم که به آسمان کسی موجود است
وز خلقت ما به نزد او مقصود است

از بین بسی خدای مخلوق بشر
برگو که کدامشان همان معبود است

نهصد رباعی

۶۲۲

گه خامشی و عبور به از گفتار است

گه رفتنِ دورِ دور به از دیدار است

جایی که ز التماس و خواهش گویند

گه حفظ کمی غرور به از اصرار است

۶۲۳

هر زاهد مدّعی که می‌گفت ز راست

مقصود خودش را به ریا می‌آراست

گر بود حقیقتی، همین بود که او

در پرده مراد دل خود را می‌خواست

نهصد رباعی

هر چند که حکم جاودانی مرگ است
تقدیر دو روز زندگانی مرگ است

پایان حیات خود نبین در دل خاک
تسلیم ز عجز و ناتوانی مرگ است

نهصد رباعی

۶۲۵

گر زندگی دوباره امّید شماست

رؤیای شما اگر که دیدار خداست

گورم به شما بیان کند بی کم و کاست

چشم و سر و دست من جز آنجا به کجاست

نهصد رباعی

در پرده بسی نتیجه از زادن ماست؟

یا دادن جان ز بهر جان دادن ماست؟

بگذر ز جوابش ای خردمند عزیز

حاصل چو فقط ز پا بیفتادن ماست

نهصد رباعی

۶۲۷

هر کس که دلش ز کربلا مغموم است

ظلمی که گذشت و هر کجا محکوم است

غم بهر وطن خورد که نامعلوم است

بیچاره به هر زمان چرا مظلوم است

نهصد رباعی

۶۲۸

چرخی که به سقف این جهان گردان است

چرخاندن آن به دست نامردان است

بر ما چو رسد، همیشه می‌لنگد و لیک

خوش رقصی آن نصیب بی‌دردان است

نهصد رباعی

بی مُهرِ خرد که شرطِ هر پیمان است

بر قصّه ی عاشقی چنین پایان است:

یا عاشق و معشوقه به جنگند و نزاع

یا زآن دو یکی برده یکی سلطان است

نهصد رباعی

جز نغمه ی دلکشی که در ساز و نواست
هر آنچه به گوش ما رسد باد هواست

ما را چه زنی طعنه، که بر زخم زبان
تمثیل دو گوش و درب و دروازه دواست

نهصد رباعی

عمرت به جهان چو روز دی کوتاه است

سیرت به جهان چو راه ری کوتاه است

مگذار زمین قدح، که در بستر خاک

دستت به جهان ز جام می کوتاه است

نهصد رباعی

مغرور از این جهان که بر ساخته است

غافل که چه نکبتی در انداخته است

جایی که بُود برنده بازیگر خوب

و آنکس که نکو بُود در آن باخته است

نهصد رباعی

۶۳۳

شادا که ز نو هوا بهاری شده است

یک بار دگر شتا فراری شده است

پروانه شکوفه را بغل کرده ز شوق

گل غرق ترانه با قناری شده است

نهصد رباعی

۶۳۴

بر چوبه‌ی دار به حکم انسانی پست

هنگام سحر پیکر بی جانی است

هر جانوری ز دیگری می پرسد

وحشی تر از این دگر چه حیوانی هست!

نهصد رباعی

روزی به حرم کسی به حاجت بنشست
سیل آمد و زد ضریح حضرت بشکست

وحشت زده گفت: اگر حرم ناجی بود
اوّل خودش از چنین فلاکت می جست

نهصد رباعی

۶۳۶

در بطن هر آنچه بر سرم آید اوست

در روز قیامت از سرم کند پوست

از زجـر و شکنجه رو بر ویم گوید

در پشت سرم ولی مرا دارد دوست!

نهصد رباعی

۶۳۷

گر شرط سفر اجازه‌ی شوهر توست

تصمیم طلاق اگر که با همسر توست

باشد دو برابر تو گر ارث پسر

شایسته تو را اگر که دین باور توست

نهصد رباعی

۶۳۸

بنگر که چه مزد زحمت و سختی توست

کاخی که نماد فقر و بدبختی توست

برخیز چو کاوه ضد ضحّاک زمان

خوشبختی تو فقط ز سرسختی توست

ای یاور و یار من! کجایی ای دوست!

چندیست خموش و بی صدایی ای دوست!

تنها تو در این زمانه، همچون مرهم

بر غصّه و درد من دوایی ای دوست!

۶۴۰

گویند که کردگار عالم نیکوست

هر خیر که مردمان ببینند از اوست

افسوس فقط که وقتِ روزی دادن

با دوست چو دشمنست و با دشمن دوست

نهصد رباعی

خورشید و زمین و ماه و سیّاره زکیست؟

ای عقل! به ما چه حل این مسئله چیست!

چه صنع خدا بُود چه یک شعله زنیست

دنیای قشنگ ما چنان معجزه ایست

بر گفته ی خود کمی تأمل بد نیست

بر کرده ی خود کمی تعقل بد نیست

با دیدن این جهان اسرار انگیز

بر باور خود کمی تزلزل بد نیست

۶۴۳

در مملکتی که بذل و بخشایش نیست

وز بهر همه رفاه و آسایش نیست

تاریخ بشر دهد گواهی کآنجا

هرگز خبری ز صلح و آرامش نیست

نهصد رباعی

در دفتر شعر من فقط منطق نیست

تنها سخن از طبیعت و خالق نیست

آن کس که ندیده رد عشقی در آن

پندارم از آنکه قلب او عاشق نیست

نهصد رباعی

ای یار! بیا که روز و شب خوابم نیست

وز دوری روی ماه تو تابم نیست

گفتی که به یاد من به مهتاب نگر

خود ماه منی و بی تو مهتابم نیست

نهصد رباعی

دردا که زمانه مملو از جاهل گشت

هر گوشه‌ی این جهان پر از کاهل گشت

دردا که کنار موج دریای علوم

دنیا پر خلق خفته در ساحل گشت

نهصد رباعی

رفتست! ولی چه می شد او برمی گشت
کز آمدنش زمانه بهتر می گشت

می شد چه اگر دوباره اینجا می بود
تا دوره ی رنج و غصّه آخر می گشت

پیری به شروع درس مکتب بنوشت:

خوش آنکه خدا گرفت و معبد بنهشت

خود راه نکو بجو، بسا راه بهشت

باشد نه ز صومعه نه مسجد نه کنشت

نهصد رباعی

۶۴۹

دی مفتی شهر که یاوه می‌گفتی و مفت
از نان حلال و رنج و زحمت می‌گفت

چون نیک در او نظر کنی می‌بینی
از مفت خوری گردن او هست کلفت

نهصد رباعی

سرمست شمیم و عطر گلها در باد

مفتون درخت و چشمه، هستم دلشاد

مجذوب شب و ستاره از غم آزاد

می خندم و هر چه می شود بادا باد

نهصد رباعی

۶۵۱

همراه کسی رفیق نامرد مباد

از جور و جفا رخ کسی زرد مباد

کس را به میان سینه از خنجر دوست

زخمی به دل و دلی پر از درد مباد

نهصد رباعی

۶۵۲

در ماتم رفتگان دلی تنگ مباد

پیراهن کس دمی سیه رنگ مباد

یک عمر بجای دیدن چهره‌ی دوست

تقدیر کسی نظاره بر سنگ مباد

نهصد رباعی

۶۵۳

بر کام تو زین پس فلک و گردون باد

سرمستی ز جام باده‌ات افزون باد

تا جان تو با ساز فلک می‌رقصد

هر نغمه که می‌زند خوش و موزون باد

نهصد رباعی

جانم به فدای میهن، آبادی باد

قربانی زندگی، زن، آزادی باد

آینده‌ی مردمی چنین پابرجا

در جشن رهایی وطن، شادی باد

نهصد رباعی

۶۵۵

ز آن دم که مرا گذار بر خم افتاد

دریای وجودم از تلاطم افتاد

در ورطه‌ی درد و غم به ناگه گویی

یک هدیه ز آسمان هفتم افتاد

نهصد رباعی

۶۵۶

آن را که کُند به وقت غم از ما یاد

وز غصّه کُند روان ما را آزاد

از دست نبایدش به آسانی داد

حتی اگرش بُود هزاران ایراد

نهصد رباعی

از دست دل و دیده هزاران فریاد

کز فتنه‌ی این دو رفته ایمان بر باد

از دیده که هر کجا بجوید آن یار

وز دل که بیاردش کماکان در یاد

نهصد رباعی

آموزش مذهب و تشرّع به چه حد؟
پیگیری ماتم و تضرّع به چه حد؟

باور به خرافه های دین تا به کجا؟
زین دیده و عقل ما توقّع به چه حد؟

نهصد رباعی

یک چند به نام و کام ما می چرخد
یک چند به قتل عام ما می چرخد

یک چند به انتقام ما می چرخد
این چرخ که دور بام ما می چرخد

۶۶۰

با رفتن تو خانه پر از غم گردد

وین سینه دگر سرای ماتم گردد

من عاشق بی قرار و می گویی تو

از روی زمین چه غم یکی کم گردد

نهصد رباعی

می نوش و ببین چه حس و حالی دارد

مستی چه خصال بی مثالی دارد

بیچاره کسی که مُرد و هرگز نچشید

زآن کوزه که رند بی خیالی دارد

نهصد رباعی

معشوقه مرا دوباره پیدایم کرد

با عشوه گذشت و غرق سودایم کرد

گفتم که ندارمش دگر دوست، ولی

داد از تپش دلم که رسوایم کرد

نهصد رباعی

هر آنکه گذر ز خاک این برزن کرد

کامی بگرفت و خنجری برتن کرد

امّا غم و درد تیغ بیگانه کجا

وین حیله کجا که آشنا بر من کرد

نهصد رباعی

۶۶۴

شاهی که ز مردمان حمایت می‌کرد

احقاق حقوقشان رعایت می‌کرد

از طاعت بندگان نوکر صفتش

شد ظالم و بعد از آن جنایت می‌کرد

نهصد رباعی

۶۶۵

حاصل ز جدال و جنگ بین زن و مرد

باشد چه به غیر ننگ و بدبختی و درد؟

دلهای همیشه تنگ و افسرده و سرد

رخهای پریده رنگ و پژمرده و زرد

نهصد رباعی

۶۶۶

آنکس که تو را به خاک دنیا آورد

در جسم و تنی فانی و میرا آورد

نآورد تو را برای پاداش و عذاب

عاشق شد و از بهر تماشا آورد

باد آمد و ابر نوبهاران آورد

ابر آمد و قطره‌های باران آورد

باران زد و شد کمان رنگین با مهر

مهر آمد و گل به سبزه‌زاران آورد

نومید مشو که غم به آخر برسد
یک روز تو را چو بخت بر در برسد

کس را چه خبر بسا که چون جهد کنی
در گام دگر همای بر سر برسد

از دوست ملامتی چو بر من برسد
بهتر ز مجیزی که ز دشمن برسد

کآن سردی برفست به هنگامه‌ی کشت
وین شعله‌ی آتش که به خرمن برسد

نهصد رباعی

حاشا که دگر صبر و قرارم باشد

باید به کجا روم که یارم باشد

هر آنچه که از دار و ندارم باشد

پایش بدهم که در کنارم باشد

نهصد رباعی

گاهی نه تو را مهلت جبران باشد
نه بخت دوباره ای پس از آن باشد

شاید که نصیب و فرصتی در همه عمر
یک دفعه تو را رسد که الان باشد

نیمی ز من از آتش سوزان باشد

نیم دگرم ز آب باران باشد

از دود و دم نبرد این آتش و آب

این سینه تباه و دیده گریان باشد

نهصد رباعی

در عشق، سخنوری چه آسان باشد
سخت است عمل، چو صحبت از جان باشد

خلقی بنگر نشسته بیرون از گود
عاشق بُود آنکه مرد میدان باشد

۶۷۴

شعری که مجیز پادشاهان باشد

تمجید خدای دین تباهان باشد

یا نعت کسی کز او رسالت دارد

بنوشته به خون بیگناهان باشد

نهصد رباعی

۶۷۵

تا در بدنم جان و قراری باشد

من را نه بجز قمار کاری باشد

ای شیخ! بگو چگونه زان توبه کنم

چون چرخ زمانه خود قماری باشد

خورشید ز شب شکفت و شام آخر شد

چشمان بگشا! شفق ز شرق اندر شد

شاداب ز شور عشق و سرشار ز شوق

بشتاب! که کوشش و تلاش از سر شد

۶۷۷

از ما چه کسی مسافر خاک نشد

همراه غبار و گرد و خاشاک نشد

خوش آنکه نخوانده آمد و سرزده رفت

از حافظه یاد او ولی پاک نشد

نهصد رباعی

هم درّه و کوه و سنگ باقی ماند

هم دار و درخت و رنگ باقی ماند

بیچاره بشر که عاقبت روی زمین

نامی نه از او، که ننگ باقی ماند

۶۷۹

دردا که نسیم و ابر و باران رفتند

نوروز و شمیم نوبهاران رفتند

خشکید زمین و خار و خس ماند و دریغ

گل ها همگی ز سبزه زاران رفتند

معشوقه که هم به چهره افسون بکند

هم با دل پاک و گفته مفتون بکند

پیدا نشود کسی که از خانه‌ی دل

او را به فریب و حیله بیرون بکند

آن کو به خیال آخرت تکیه کند
وین نقد جهان حواله بر نسیه کند

اوّل زر و سیم خود به ما هدیه کند
زان پس برود به حال ما گریه کند

امروز تو را واله و مفتون خوانند

سرگشته و دیوانه و مجنون خوانند

یک روز ولی، همین جماعت همه جا

افکار تو را اصول قانون خوانند

نهصد رباعی

گیرم که مرا شبانه اعدام کنند

دست و سر و پا جدا از اندام کنند

ابیات کتاب شعر من تا به ابد

اعلام برائتم ز اسلام کنند

نهصد رباعی

۶۸۴

گفتند که خوبان چو ز دنیا بروند

جایی که بهشت است به آنجا بروند

آمد به سخن بهشت و گفتا به زمین

خود می‌روم هر کجا که آنها بروند

نهصد رباعی

۶۸۵

آنجا که رفیق و یار من غربت بود
هر لحظه دوباره از وطن صحبت بود
گفتم نخورم دگر غم میهن و خاک
وین خود غم تازه ای در آن عزلت بود

نهصد رباعی

گویند قیامت الزّمان خواهد بود

آنجا همه جایمان عیان خواهد بود

گر ما همه لخت لخت بگردیم چه باک

آخر نه به عاقبت همان خواهد بود؟

نهصد رباعی

۶۸۷

گویید ز دینتان تعاریف بُود

وز شرع به دوشتان تکالیف بُود

امّا ز زمین و آسمان گر پرسید

گویند تمام آن اراجیف بُود

در مکتب ما وحی و شریعت نبُود

غیر از هدف کشف حقیقت نبُود

آیات کتاب خالق هستی ما

جز آنچه نوشته در طبیعت نبُود

ما را به خدا سزا ملامت نبُود

زیرا به خدا تو را علامت نبُود

باشی چو خدای عادلی غم چه خوریم

بر ما به خدا روا قیامت نبُود

نهصد رباعی

۶۹۰

بن مایه‌ی من بجز کمی خاک نبود

جان مایه‌ی من بجز می تاک نبود

اموال مرا شماره کردند ولی

سرمایه‌ی من بجز دلی پاک نبود

نهصد رباعی

شد قصّه شروع با یکی بود و نبود

بگذشت دمی به زیر این چرخ کبود

پایان نرسیده سر رسید قصّه‌ی ما

افسوس که آمد آن به اتمام چه زود

۶۹۲

گر در دل تو شور و نوایی نبُود

وز عشق تو را به سر هوایی نبُود

بیهوده مجو شفای دلتنگی خویش

چون غیر اجل تو را دوایی نبُود

نهصد رباعی

دردا که هر آنکه ظاهرش عالی بود

قلبش ز وفا و معرفت خالی بود

وآنکس که سخنوری فراوان می کرد

حرفش همه وعده های پوشالی بود

نهصد رباعی

تقدیر اگر رفیق با ما می بود

غمخوار دل و شفیق با ما می بود

اقبال و شگون اگر که می داد به ما

هر دم به همان طریق با ما می بود

نهصد رباعی

بخت نآمده هان که ساده از در برود

وآن عاشق دل سپرده از بر برود

دل جوی و بدان به قهر و اندوه فراق

عشقی که به دل فتاده از سر برود

۶۹۶

بر حافظ خوش کلام و بی باک درود

کو کرد به عشق و مستی پاک ورود

با هر غزلی که از می و تاک سرود

آورد مرا به سجده بر خاک فرود

نهصد رباعی

تعظیم و سپاس و حمد و تحسین و درود
بر خالق کوه و درّه و جنگل و رود

حتی اگر آن خدا به پهنای وجود
جایی نبُود بجز همین شعر و سرود

از عشق دلی شکسته بیزار شود

یک قلب دگر ز عشق او زار شود

زان قلب شکسته بشکند باز دلی

وین قصّه ی احمقانه تکرار شود

روزی که مرا خاک هم آغوش شود
هر قصّه که گفته‌ام فراموش شود

بر ساز شکسته‌ای به یک عمر زدم
یک نغمه که ناشنیده خاموش شود

چه مرد و چه زن، کسی پناهت باید

همراه و رفیق و تکیه گاهت باید

این اصل طبیعت از تولّد تا مرگ

در هر قدمی چراغ راهت باید

نهصد رباعی

هر آنچه به زندگی بد و خوب آید

از حادثه و قضا و آشوب آید

هان! غصه مخور ز بخت و امّید بدار

کآخر خبر از وصال محبوب آید

نهصد رباعی

۷۵۲

از آنچه که بر زبان و گفتار آید

صد چیز دگر به درک و پندار آید

فرق است اگر به جاهلی پند دهند

تا آنکه سخن به گوش هشیار آید

نهصد رباعی

عیدی ز صیام و دفع مهمان آید

عید دگری به مرگ و قربان آید

تعظیم به آن خدا که عیدش به بهار

با رقص زمین و مهر تابان آید

نهصد رباعی

در مجلس ختم من معمّم ناید

ملّای رجیم هر دو عالم ناید

چون شادی او ز سوگ مردم باشد

آن به که کسی برای ماتم ناید

نهصد رباعی

ایّام وفور و بی نیازی آید
اوقات سرور و جشن و بازی آید

دوران سیاه فقر و نکبت برود
هنگام غرور و سرفرازی آید

نهصد رباعی

تا باده و زن در این جهان گشت پدید

کس بهتر از این دو لذّتی هیچ ندید

چون خواست خدا به بنده پاداش دهد

ناچار به آخرت همین داد نوید

نهصد رباعی

هر سال لباس گریه بر تن کردید
زنجیر زدید و داد و شیون کردید

تا آنکه علَم شدید و با بی رحمی
چون شمر ستم به خلق میهن کردید

نهصد رباعی

آن کس که به راه دین مجاهد گردید

کی پیرو منطق و شواهد گردید؟

حیف از دو سه صفحه‌ای که از این دفتر

بیهوده حرام شیخ و زاهد گردید

نهصد رباعی

آن جانوری که نامش انسان گردید
یک روزه نه در مرامش انسان گردید

بس دید و شنید و خواند و یکسر کوشید
تا آنکه به حق مقامش انسان گردید

۷۱۰

هر قدر به پشت و شانه زنجیر زدید

فریاد ز ظلم و خون و شمشیر زدید

زان روز که سوی کودکان تیر زدید

شد فاش که از ریا و تزویر زدید

نهصد رباعی

کس هیچ به داد خلق نالان نرسید
کس هیچ فغان و آه ایشان نشنید

کشتند به نام دین به هر گوشه ندا
کس هیچ گلش از آن به ایمان نگزید

یک زن به جهانیان پیمبر نگزید

سهمی ز کتاب او به حوّا نرسید

نادیده گرفت حقوق انسانی زن

جاهل تر از این خدا به عالم که بدید

نهصد رباعی

عمرم به عبث گذشته بر بیم و امید

دلخوش شده‌ام به آرزوهای بعید

یابم چو دوباره فرصت عمر جدید

هرگز نشوم جدا ز دلدار و نبید

نهصد رباعی

در مجلس ختم من نه قرآن خوانید
نه مرثیه‌ای به چشم گریان خوانید

سرخوش به دف و دهل بکوبید و سرود
از جنگل و کوه و ابر و باران خوانید

نهصد رباعی

امروز که زنده ام مرا یاد کنید
با جرعه ی باده ای دلم شاد کنید

فردا که اجل فرا رسد، نیست شوم
سودی نکند شیون و فریاد کنید

دیدم تَرکی به کوزه در یک انبار

گفتم که به این تَرک چه باشد اسرار

گفتا که بُود نشانه از یک دلدار

کز دل ثمری نبرده جز یک ابزار

نهصد رباعی

٧١٧

روزی که بر آن اریکه بودی مختار
در سنگ دلت اثر نکردی گفتار

فردا نبُود به دیگران تقصیری
هر جای وطن اگر که دیدی کشتار

نهصد رباعی

ای خفته به روی شن! چو گشتی بیدار
ساحل بگذار و دل به دریا بسپار

از غوطه نترس و پا ز خستگی بردار
حظ کن ز نبود تکیه‌گاهی در کار

نهصد رباعی

در هر گذری سوار دشمن به قطار

آماده برای جنگ و تهدید و فشار

لیکن، همگی ز ترس ما کرده فرار

باشی چو مرا همیشه هر جا به کنار

از باده و می هرچه توانی به کف آر

با جام و قدح سر به بیابان بگذار

فارغ بشو از هر آنچه بگذشته به تو

باشد که تو را رها کند این دل زار

نهصد رباعی

بنگر که غم از دلم در آورده دمار

وز غصّه نمانده دیگرم صبر و قرار

ساقی قدحی شرابم از کوزه بیار

دانی که نباشدم جز این راه فرار

نهصد رباعی

در چشم و نظر اگر چه آید بس خوار

یک دانه‌ی خفته گفته دارد بسیار

سرمای کشنده را سر آرد هر بار

تا وقت گل و جوانه گردد بیدار

نهصد رباعی

مست از می و ساز و بوسه هنگام بهار

فرخنده شبی غنوده ام در بر یار

این نقد جهان چرا گذارم به کنار

از بهر بهشت نسیه و قول و قرار

نهصد رباعی

ای یار! مرا ببر از این شهر و دیار

آنجا که بُوَد کنارت آرام و قرار

حتّی به بهای آنکه در جنگل و غار

همسایه ی ما شود فقط عقرب و مار

نهصد رباعی

هر آنچه به چشم من خوش آید بسیار
اندازه چو با عدد کنی گردد خوار

ای عقل! مرا به حال خود وابگذار
دست از سر این شماره کردن بردار

نهصد رباعی

عمرم بگذشت در غم دیدن یار

در حسرت یک نگاه دیگر به نگار

ای دیده! دگر دقیقه‌ها را نشمار

بنگر که بسی گذشته پاییز و بهار

نهصد رباعی

۷۲۷

در خواب شوم نباشدم هیچ خبر

مدهوش شوم نباشدم هیچ به سر

هستند قرینه خواب و بیهوشی و مرگ

گر خاک شوم نباشدم هیچ اثر

نهصد رباعی

۷۲۸

ای خاک! بگو ز قوم و خویشان چه خبر؟
زان جمع که گشته اند پریشان چه خبر؟

خفتند مگر نه آنکه در منزل تو؟
رفتند کجا؟ ز حال ایشان چه خبر؟

گویند تو با هزار و یک پیغمبر
همواره شدی به معجزاتی یاور

یکباره چه شد به سر رساندی اعجاز؟
ماییم مگر ز قوم موسی کمتر؟

با آنکه شکسته در قفس بالم و پر

باشد هوس رسیدنم در دل و سر

دوزم همه دم بر آسمان چشم و نظر

تا آنکه رسد زمان پرواز و سفر

نهصد رباعی

در مال، یکی از آن یکی داراتر

در علم، یکی از آن یکی داناتر

در چهره، یکی از آن یکی زیباتر

در عشق، ولی کجا یکی شیداتر؟

۷۳۲

ای دلبر جان! برو سلامت به سفر

بادا همه جا همیشه دور از تو خطر

هر جای جهان شدی بدان شام و سحر

من منتظرم که بشنوم از تو خبر

نهصد رباعی

برخیز و به بیکران دنیا بنگر

بی واسطه بر جهان زیبا بنگر

بر زرد و سفید مهر و بر جنگل سبز

بر آبی آسمان و دریا بنگر

ای چرخ خبیث و ناکس و موذی‌گر

از دست تو ما عجب شدیم بازیگر

هستیم به آه و ناله در باطن و لیک

بر چهره به شوق و خنده با یکدیگر

نهصد رباعی

بر سفره ی یک گرسنه نانی آور

مرهم به دوای ناتوانی آور

خواهی که همیشه حال تو خوش باشد

شادی به میان آشیانی آور

یک روز ز مسجدی شنیدم به عبور
می کرد گلایه از خدا یک زن کور

می گفت: به من نداده چشمی و به مور
صد چشم عطا نموده بیهوده به گور

نهصد رباعی

چه جنّت نادیده پر از باده و حور
چه میهن دیدنی پر از جشن و سرور

لعنت به هر آنچه حاکمان وعده دهند
کاید نه به اختیار ما بلکه به زور

باشد چو حیات زنده وابسته به هور

اصرار به خالقی چرا کرده به زور؟

ور بوده کسی ورای این گرمی و نور

افتاده جدا چرا چو یک کوکب دور؟

نهصد رباعی

از جانوران ندیده‌ام در همه دهر
مهلک‌تر و درّنده‌تر از قاضی شهر

کو با قلمش به وقت دستور قصاص
جانی بگرفته همچو نیشی پر زهر

۷۴۵

خواهی چو به خوشدلی نشینی به سریر
بشنو تو نصیحتی ز یک شاعر پیر

تاوان هر آنچه کرده‌ای را بپذیر
وز بهر خطای خود به کس خرده مگیر

نهصد رباعی

آزاده اگر نشسته بر سنگ و حصیر

بهتر ز زبان بسته بر تخت و سریر

صد سفره‌ی پر تجمّل شاه و وزیر

قربان دو دست خسته با نان و پنیر

نهصد رباعی

۷۴۲

خوش آنکه نشسته شاد و افکنده حصیر

آسوده کنار نان کمی خورده پنیر

هر چند به چشم مردمان بوده فقیر

در پیش کسی نگشته چون برده اسیر

نهصد رباعی

شر گر برسد تو را چه از خویش چه غیر
خیری چو رسد چه از خرابات چه دیر

تردید نه وقت دفع شر باید کرد
نه حاجت استخاره ای هست به خیر

بگذشت زما، تو جای ما جام بگیر

از حسرت نسل ما تو الهام بگیر

یک کوزه زمی برآر و پیوسته بنوش

وز رنج جهان به باده آرام بگیر

نهصد رباعی

با لشکر درد و غصّه، هستم درگیر
اینگونه نوشته شد برایم تقدیر

در زندگیم مگر چه کردم تقصیر
تا بسته شود به دست و پایم زنجیر

هر بار که داده او ز دنیا تصویر

با وسعت آن نموده ما را تحقیر

ای کاش خجل نبود و بی پرده بگفت

کز روز ازل چه دیده از ما تقصیر

نهصد رباعی

گفتم به فلک که ای شه دوران ساز

بر من بگشا ز سرّ عالم یک راز

گفتا که سوال خود به فردا انداز

امروز بجای آن به عشرت پرداز

نهصد رباعی

ای نوح! ز نو بیا و یک کشتی ساز
وآنرا به میان آب دریا انداز

هر جانوری در آن فکن جز انسان
چون بوده وجود او خطا از آغاز

نهصد رباعی

شب بود و من و دلبر پرآتش و سوز

خورشید دمید و بی خبر آمد روز

شب رفت و حدیث ما به سر نامد و باز

دلدار برفت و جان خمار است هنوز

نهصد رباعی

ای شیخ! کمی ز دولتت مانده هنوز
دیگر ز جهانیان مکن ناله و سوز

آن لعن به خود بکن که با پرچم دین
بر خلق خدا جفا نمودی شب و روز

نهصد رباعی

تا در سر و سینه‌ام سخن هست و نفس

درد دل خود بگویمی با همه کس

تا آنکه رسد مگر به گوشی شنوا

هرچند فقط یکی از آن باشد و بس

نهصد رباعی

ای آنکه به سررهایی ات بوده هوس

بیهوده دوان دوان چه افتی زنفس

چشمان بگشا بجای اصرار عبث

کاین ره که تو می روی بُود سوی قفس

نهصد رباعی

ای کوه! تو تکیه گاه و بنیادم باش

من را بپذیر و تا ابد یادم باش

تا پر شود از طنین شعرم همه جا

در گوش جهان، همیشه فریادم باش

نهصد رباعی

بر شادی و عیش زندگی غرّه مباش

در سختی آن حقیر چون ذرّه مباش

تا آخر ره پر از نشیب است و فراز

خرسند ز قلّه، ناخوش از درّه مباش

نهصد رباعی

ای دوست! بیا به منزلم مهمان باش

با من بنشین! به مشکلم درمان باش

من غمزده ام! بمان و با لبخندت

بر ماتم و غصّه ی دلم پایان باش

نهصد رباعی

الگو نپذیر از آن که، همچون کارش
فردا اثری نباشد از افکارش

او را به خودش گذار و بشنو ز کسی
کو مانده همیشه زنده با آثارش

نهصد رباعی

دادند به رایگان به ما دیده و گوش
همراه توان درک و فهمیدن و هوش

زآن دید و شنود و فهم ما لیک چه سود
وقتی همه جا بُوَد شرف بهر فروش

نهصد رباعی

۷۵۸

پندی بشنو اگر تو را باشد هوش

بر طعنه‌ی دیگران مکن هرگز گوش

جوش از سخنی مخور که ناید بی شک

هرگز ز کلام مردمان آبی جوش

نهصد رباعی

ای صاحب فهم و دانش و بینش و هوش
این پند مرا بکن تو آویزه‌ی گوش

روزی که شود ندای عقل تو خموش
درّنده شوی فراتر از کلّ وحوش

نهصد رباعی

۷۶۰

ای مغز خمار من! همی باش به هوش

ای گوش و سر و بدن! کمی باش به گوش

ای دیده‌ی خسته! بیش از این بسته نمان

ای فک و دهن! تو هم دمی باش خموش

نهصد رباعی

دل را بنما ز خشم و کین پالایش
بهتر چه بُود ز رحمت و بخشایش

بر محنت دیگران مکن فرمایش
تا خود برسی به راحت و آسایش

با مهر نهاده مرهمی بر دل ریش
بهتر ز نماز و مهر و سجّاده به پیش

از بین هزار و یک طریقت به جهان
من را نبُود بجز، همین مذهب و کیش

بیهوده نزن دگر دم از مذهب و کیش
بنگر که چه کرده ای تو با میهن خویش

دیگر زن و مرد و کودک و پیر و جوان
هرگز نخورد فریب عمّامه و ریش

نهصد رباعی

دلها همه غرق خون در این کهنه رباط

از مدّعیان حق و ایمان و صراط

خوش آنکه به ساز و رقص و آواز و بساط

آورده به جمع مردمان شور و نشاط

نهصد رباعی

مرگ، همچو شب و زمان خواب است فقط

عمر، همچو حباب روی آب است فقط

رو شاد بزی که حاصل از خواب و حباب

یک سینه سوال بی جواب است فقط

نهصد رباعی

این عمر گران، باد وزان بود فقط

این جسم و توان، برگ خزان بود فقط

این درد نهان، شکنجه ای بود و اجل

درمان و خلاص جان از آن بود فقط

نهصد رباعی

با پیر مغان نشسته بودی حافظ

وز مدّعیان گسسته بودی حافظ

گویا که تو هم چو ما ز جمعی نادان

آزرده روان و خسته بودی حافظ

نهصد رباعی

یک ثانیه با دعا مکن وقت تلف
گوشی شنوا به آسمان نیست طرف

گر در سر تو ره نجات است هدف
خود بیل و کلنگ و تیشه برگیر به کف

نهصد رباعی

بنگر به شکوه جنگل ای فرد شریف

کز نعمت آن هوا شود پاک و لطیف

هرگز نکنی به غفلت آنرا تو کثیف

تا آنکه بماند همچنان سبز و نظیف

گشتم به جهان و دیدم از غرب به شرق

مردم همه در بحر توهّم شده غرق

هفتاد و دو ملّت به جهان دیدم ولیک

در فطرت آدمی ندیدم یک فرق

نهصد رباعی

انسان چه میان آب دریا شده غرق
چه غمزده در خیال و رویا شده غرق

چون مرده دلش دگر چه فرقی بکند
اینجا شده غرق و یا که آنجا شده غرق

عمری به ره علاج خود با ادراک
بودم به تلاش و جستجو در افلاک

غافل که شفای درد و رنجم از خاک
آماده شده به خوشه‌هایی بر تاک

۷۷۳

ای منطق من! کمک بکن با ادراک

از روی زمین مرا ببر تا افلاک

تا روز اجل چنان شهابی چالاک

از بام فلک فرو بیفتم در خاک

نهصد رباعی

یا رب! تو در این بازی قایم موشک
بازنده شوی به عاقبت چون کودک

بنگر که چگونه در پی کاوش ما
محفیگه تو در آسمان شد کوچک

نهصد رباعی

از لشکر و فرمانده و حاکم در ارگ
در دفتر آینده نماند یک برگ

بر کاخ و سپاه و تخت بهرام نگر
کز او چه بمانده در جهان بعد از مرگ

ای دل که همیشه منتظر هستی و تنگ
با عقل و خرد چرا کنی این همه جنگ؟

آسوده شوی فقط به روزی که دگر
از ما نبُود به غیر خاکستر و سنگ

نهصد رباعی

با آتش بمب و موشک و تیر و تفنگ

هر جای زمین ز خون مردم شده رنگ

بر مرز میان مردمان لعنت و ننگ

کز آن ثمری نشد بجز نفرت و جنگ

حاجت نبُود به شاهد و استدلال
کز نیش زبان کسی نگردد خوشحال

ای کاش هر آن کسی که جستی احوال
می داشت دو گوش باز و می بودی لال

نهصد رباعی

از شرق به غرب و از جنوب تا به شمال
بر قوم و زبان و رنگ و دین. بحث و جدال

خود گشته گواه آنکه نقصان و کمال
در هرچه. بجز خرد بُود وهم و خیال

نهصد رباعی

ای آنکه تو را نهاده اند نام کمال
بنگر که چهل گذشته از عمر به سال

تا کی پی کسب دانش و مال و منال
برخیز و دمی رها شو از خواب و خیال

نهصد رباعی

۷۸۱

ای کلّه! به جای شک و تردید و سوال

یک هفته بیا سفر کنیم سوی شمال

تن را بزنیم به آب دریای زلال

شاید که برون شویم از این وهم و خیال

نهصد رباعی

خواهی چو ببخشی به کسی از اموال

خود را بنما به ناخوشی در احوال

گر آمد و چاره جست و کردت تیمار

وی را پس از آن عطا بکن از هر مال

نهصد رباعی

هر لحظه به سینه تنگ گردی ای دل!
با عقل و خرد به جنگ گردی ای دل!

گر با سر و گوش و دیده پیکار کنی
روزی برسد که سنگ گردی ای دل!

افسون شده از ترانه و شعر و غزل

آکنده ز شوق و ذوق و امّید و امل

اندیشه بسی فکنده در کار و عمل

آینده‌ی این همه چرا مرگ و اجل ؟

نهصد رباعی

یک جرعه بزن ز باده در سبزه و گل
مستانه برقص به نغمه ی ساز و دهل

تا آنکه به چشم خود ببینی به جهان
بهتر نبُود ز ساز و جام و گل و مل

زین گردش بی اراده و بی انجام

خواهی که تو را دگر چه باشد فرجام

از خاک برآمدی نگردی جز خاک

رو باده خور و مخور غم این ایّام

نهصد رباعی

دیدند که عطر و بوی گل داشته‌ام
گفتند گلی ز شاخه برداشته‌ام

افسوس کسی از آن میان هیچ نگفت
شاید که گلی برایشان کاشته‌ام

قبل از اجل‌م خودم زبان داشته‌ام

ابزار نگارش و بیان داشته‌ام

کذب است هر آنچه بعد من نقل کنند

از خاطره‌ای که در نهان داشته‌ام

نهصد رباعی

گر دم بزنم، به دار دنیا هستم

گر دم نزنم، به ناکجاها هستم

ای پیکر من! بجای من از دل خاک

فـریاد بزن که من همانجا هستم

نهصد رباعی

سختی و مشقّتی که دنیا دادم

هرگز نرود به زندگی از یادم

زان دم که مرا اجل دهد بر بادم

شادم که دگر زهر غمی آزادم

نهصد رباعی

زان لحظه که در بند توام آزادم

از غصّه ی عشقت به دلم دلشادم

دیوانه تر از من آن که فهمد با عقل

هم با تو خرابم من و هم آبادم

نهصد رباعی

۷۹۲

روزی ز علاقه وارد موزه شدم

آنجا به نظاره محو یک کوزه شدم

دیدم که زبان گشود و افسرده بگفت

بنگر که چگونه درس و آموزه شدم

نهصد رباعی

٧٩٣

ای کاش همیشه همچو کودک بودم

همبازی بچّه‌های کوچک بودم

با اینکه به سن و سال اندک بودم

آسوده ز هر یقین و هر شک بودم

نهصد رباعی

هستیم به تاریخ جهان لحظه و دم

هستیم به دشت آسمان ذرّه و کم

دیگر به چنین ذرّه در این لحظه چه غم

هستیم گر آذری و افغان و عجم

نهصد رباعی

عمری به دویدن استخوان سابیدم
بس مانع و پیچ و خم که برتابیدم

در آخر راه و سوی مقصد بودم
یکباره ولی به چاله ای خوابیدم!

جمعی به کتابت و نگارش دیدم
یک عدّه به عرضه و نمایش دیدم

باقی همه در صف سفارش دیدم
دردا! نه کسی ز شوق دانش دیدم

ای کاش دمی در این جهان خوش باشم
وز جرعه ی ناب باده سرخوش باشم

ای کاش کنار دلبری عاشق و مست
یک گوشه به کام و بوسه خامش باشم

خوانند گنه کار و پر از اشکالم

سازند زیان دیده و بد اقبالم

خواهند زهر مفسده مالامالم

یابند چو با مستی خود خوشحالم

هر لحظه اگر تکیده‌تر شد بدنم
با هر نفسی خمیده‌تر شد چو تنم

جبران هر آنچه اینچنین رفته ز عمر
شادم که کمی گزیده‌تر شد سخنم

نهصد رباعی

۸۰۰

تا هست مجال زندگی در بدنم

حاشا که دگر زرنج و غم دم بزنم

ای سوزش قلب و معده و درد تنم !

از دست شما کجا روم جز کفنم ؟!

نهصد رباعی

من، هستم و ساز و باده و زلف صنم

بنشسته کنار جوی و آسوده زغم

فارغ ز هر آنچه دیگران وعده دهند

از حوری و حوض کوثر و باغ ارم

نهصد رباعی

۸۰۲

تا بوده چنین بوده به بازی مرسوم

یک سو همه شاد و سوی دیگر مغموم

خوشحالی و غم ولی ندارد مفهوم

گر پوچی هر نتیجه باشد معلوم

نهصد رباعی

صد بار اگر ضعیف و بیمار شوم

در دام بلا بسی گرفتار شوم

گاهی ز خطا روم به بیراهه زراه

به زانکه اسیر چرخ تکرار شوم

نهصد رباعی

آنروز که اندر دل خود پیر شوم

وز مستی و شور عاشقی سیر شوم

آن به که دگر به خاک گوری بروم

تا دانه‌ی تاک و سیب و انجیر شوم

نهصد رباعی

۸۰۵

روزی برسد دوباره آغاز شوم

همراه پرندگان به آواز شوم

آنقدر زنم به درب و دیوار قفس

تا آنکه در آسمان به پرواز شوم

نهصد رباعی

۸۰۶

ما از سر خنده در جهان آمده‌ایم

چون لعبت و بنده در میان آمده‌ایم

تا روز اجل اسیر بازی شده‌ایم

بازنده، برنده، بهر آن آمده‌ایم

نهصد رباعی

۸۰۷

تا کی به اسارت جماعت، هستیم
قربانی سلطه و اطاعت، هستیم

از چنگ قیود کهنه باید برهیم
گر صاحب ذرّه‌ای شجاعت، هستیم

۸۰۸

زآن روز که اشرف خلایق گشتیم
با عقل و خرد پی حقایق گشتیم

شیطان و خدا به جان هم افتادند
غافل که دگر به هر دو فایق گشتیم

کردیم گمان که فخر تاریخ شدیم
چون مخترعان چکش و میخ شدیم

غافل که بدست خود پس از صدها سال
مستوجب انقراض و توبیخ شدیم

از درد و بلای زندگی، خسته شدیم
زین صبح به شب دوندگی، خسته شدیم

ما را نَبُوَد دگر توانی به خدا
کز این همه رنج و خستگی، خسته شدیم

ای کاش همیشه پرجسارت بودیم

آماده برای هر خسارت بودیم

با سعی و تلاش هم رها می گشتیم

از هر قفسی که در اسارت بودیم

ای عقل! بیا کزین جهان بگریزیم

از بند و اسارت زمان بگریزیم

تا چند اسیر آسمان‌ها و زمین

باید ز زمین و آسمان بگریزیم

نهصد رباعی

۸۱۳

غیر از غم جاه و قدرت و نقره و سیم

یا غصّه‌ی شام تذری و آش و حلیم

در نوحه به یاد جنگ اعراب قدیم

اندوه دگر چه دیدی ای عقل سلیم؟

۸۱۴

ای یار! بیا که مست و عاشق باشیم
فارغ ز گذشتن دقایق باشیم

با شعله‌ی عشق آتشین از امشب
خود پایه گذار صبح صادق باشیم

نهصد رباعی

در گوشه ی کوچکی ز کیهان عظیم

در فهم رموز این جهان مانده عقیم

ماییم و علوم ناقص و عقل سلیم

گل،هم به جمالت ای خداوند علیم!

نهصد رباعی

۸۱۶

برخیز که تا تنی به اروند زنیم

گامی به فراز کوه الوند زنیم

از کوچه و شهر مردگان بگریزیم

جان را به جهان زنده پیوند زنیم

نهصد رباعی

اوّل غم و غصّه را به فردا فکنیم

دوّم ز شعف شرر به دنیا فکنیم

سوّم همه مست باده و بوسه و عشق

چنگی به میان زلف زیبا فکنیم

۸۱۸

ما هیچ حساب بیش یا کم نکنیم

از عمر بجز حساب این دم نکنیم

گر خواست فلک بهم زند عشرت ما

سر داده ولی سر به فلک خم نکنیم

نهصد رباعی

تا کی به ره موسی و عیسا برویم

بیخود به کنیسه و کلیسا برویم

بگذر ز خیال و باده بردار و بنوش

تا در پی دلبری پریسا برویم

چندی ز سر علاقه دلبسته شویم

یک چند دگر کنار هم خسته شویم

وین قصّه شود همیشه تکرار به عمر

تا آخر سر چو دفتری بسته شویم

نهصد رباعی

۸۲۱

ای یار! بیا رها از این خانه شویم

ز آن دل بکنیم و سوی ویرانه شویم

باهم به خرابه گر نشینیم من و تو

به ز آنکه خراب شهر دیوانه شویم

نهصد رباعی

هر گفته که رانده‌ای تو بر روی زبان

تیریست که بر دلی گرفتی به نشان

اندازه بگو! کلام بیهوده مگو!

بگذار به دیده گشته آن نکته عیان

نهصد رباعی

شرمنده شده طبیعت از خلقتتان
زین قبله و دین و مسجد و بدعتتان

هنگام جزا رسید و شد نوبتتان
تا آتش ملّتی شود عبرتتان

داری چو رفیق جان بر او قدر بدان
وی را همه جا همیشه بر صدر نشان

روشن شده گر دلت به شب‌های دراز
مدیون حضور آن مه بدر بدان

نهصد رباعی

از قول خدا آمده است در قرآن

زین پس سخنی نگوید او با انسان

من سجده کنم به ایزدی کو هر آن

آید به کلام و گفتگو در وجدان

۸۲۶

قیمت نتوان نهاد بر عمر گران

چون گوهر بی‌نظیر باشد به جهان

آنکس که به رایگان تو را داد زمان

بر صدر نشان و تا ابد قدر بدان

نهصد رباعی

راه گرچه خطیر و پرخم و نامیزان

با پای شکسته می روم تا پایان

خوردن به زمین بسی نکوتر از آن

که تکیه زنم به شانه‌ی نامردان

نهصد رباعی

از دامن معشوقه مشو آویزان

درمان نبُود به درد عشقت از آن

و ز دامن معشوقه مکش دست آسان

جز آن نبُود به درد عشقت درمان

نهصد رباعی

گر داشت فلک عنایتی بر انسان
«کآزاده به کام دل رسیدی آسان»

آنکه ز هزار و یک حکایت از عشق
یک قصّه شنیدنی نبودی اینسان

۸۳۰

فریاد از این خران و آن خرترشان

تا چند گل وطن شود پرپرشان؟

یک روز از آن طویله ای کآمده اند

برگوش دوباره می رسد عرعرشان

نهصد رباعی

تا مانده زمان، دانه‌ی مهری بفشان

در خلوت جان، نهال سبزی بنشان

در کام وجود بی‌قرار من و خویش

از میوه‌ی آن بچین و شهدی بچشان

نام و لقب و نشان مجرم: شیطان
محکوم: به جرم دشمنی با انسان

دستور: که هر دو تا ابد در زندان
همبند شوند به گوشه ای در کیهان

نهصد رباعی

گر بود مرا توان حرکت به زمان

یکسر به ازل سفر نمودم به نهان

کآنجا به خود خدا دهم گفت و شنود

تا واسطه ای دگر نیارد به جهان

نهصد رباعی

بس نغمه سروده شد ز مردان و زنان

درباره‌ی عشق و مرگ و، هستی و زمان

باکش نبود ولی جهان گذران

ناید چو دگر سخن از آنها به زبان

نهصد رباعی

سفتیم به استخوان، دگر نیست توان
خفتیم به گورمان، دگر نیست نشان

پرسند: ز زندگی چه حاصل کردید؟
گفتیم به صد بیان، دگر نیست زبان

نهصد رباعی

حیرت‌زده‌ام من از تو ای فرد جوان
از بهر چه ای غمین و آزرده روان؟

گر بود جوانی‌ات تصاحب شدنی
خلقی ز پی‌ات به قصد آن بود دوان

روزی که علایقی نماند به جهان

معشوقه و عاشقی نماند به جهان

روزیست که بهر این همه شعر و غزل

خواننده ی لایقی نماند به جهان

نهصد رباعی

گر خویش یکی لقمه نداری به دهان
وز فقر به گریه سر گذاری به نهان

پاسخ بده این سوال آسان و بگو
یک فرد دگر چرا بیاری به جهان

نهصد رباعی

۸۳۹

این دیده به یاد صورتت بس گریان

این سینه به یاد رأفتت بس سوزان

این کوچه به یاد رفتنت بس تاریک

این خانه به یاد خلوتت بس ویران

نهصد رباعی

چون پیر شدی ز جسم فانی دل کن
از لذّت و آمال جوانی دل کن

بگذر ز خیال ثروت و مال و منال
زین محبس خود چو می توانی دل کن

این پند مرا دمی فراموش مکن

بیهوده به حرف دیگران گوش مکن

محکم ره خود بگیر و اهدافت را

قربانی افترا و پاپوش مکن

نهصد رباعی

یک بار محبّتی به یک انسان کن

وانگه به سگی محبّتی یکسان کن

گر پاسخ آدمی چو آن سگ باشد

هر وقت و به هر کجا به او احسان کن

نهصد رباعی

تنبور و دهل درآر و عیّاشی کن
پیمانه و می بیار و قلّاشی کن

بر پرده‌ی شام تیره با رنگی شاد
طرحی ز سحر برآر و نقاشی کن

عمری به عبث به پهنه‌ی دشت و دمن

هر سو شدم و نگه نکردم به چمن

روزی برسد که اندر آن سبزه‌ی پاک

خاک تن من به گردش آید و نه من

نهصد رباعی

شد کشته کسی ز بهر شیخی ملعون
دادند به او لقب شهیدی گلگون

دردا که به نام وی گرفتند تقاص
از ما که برای این وطن دادیم خون

در سایه‌ی زور و وحشت و جنگ و جنون
دشمن چو رسیده بر در خانه کنون

دیگر نبُود درنگ بر رزم و فنون
تا بوده جواب خون فقط بوده به خون

نهصد رباعی

فاسد شدن حکومت افسر و دین
افتادن بی گنه بسی سر به زمین

خونخواهی و انتقام از آن از سر کین
تاریخ نوشته شد سراسر به چنین

۸۴۸

کردی به عبث جماعتی پیرو دین
دادی پس از آن به دستشان خنجر کین

تردید مکن که از خطایی به چنین
جز کشته نتیجه ای نبینی به زمین

گر زاهد و شیخ و مرشد و مفتی دین

باشند در عاقبت به فردوس برین

بنویس به نام من گناهان که چنین

آنجا نشوم به جمعشان باز قرین

نهصد رباعی

یک دلبر خوش صورت و سیرت بگزین

با وی به تماشای طبیعت بنشین

می نوش و از آن لعل لبش بوسه بچین

حاشا که بُود رسم و طریقت به از این

نهصد رباعی

۸۵۱

درباره‌ی فهم خود ز ایمان و یقین

طفلی به میان مؤمنان گفت چنین

هر یک ز شما به حکم ادیان دگر

دوزخ برود بجای فردوس برین

نهصد رباعی

صد قصّه‌ی عاشقانه گفتم با تو
از عشق دو صد ترانه گفتم با تو

هر کار جز این بهانه‌ای می‌خواهد
این‌ها همه بی بهانه گفتم با تو

نهصد رباعی

ای آنکه به آسمان بُوَد باور تو
بشنو که چه حکم می کند داور تو

بر روی زمین به خویشتن تکیه بکن
چون جز تو کسی نمی شود یاور تو

۸۵۴

اندوه جهان بگو چه خواهد از تو
یک لحظه چو دست بر ندارد از تو

از غصّه، همین بس که چو بگذشت امروز
فردا اثری دگر نباشد از تو

نهصد رباعی

بگذشت زمان و حل نشد مشکل تو

وز بحث نتیجه ای نشد حاصل تو

گفتند به صد زبان ولی کینه و خشم

افسوس! دمی جدا نشد از دل تو

بیهوده شود زمین فدای من و تو

فرسوده شود چنین به پای من و تو

هش دار! که در ازای نابودی آن

نابوده شود همین برای من و تو

نهصد رباعی

گر شاه و وزیر و مالک گنجی تو
سرباز پیاده ای و در رنجی تو
یا قلعه نشین و صاحب اسبی و فیل
بازیچه چو مهره های شطرنجی تو

مردم پی آب و نانشان، چاره بجو!

آزرده شده روانشان، چاره بجو!

انبوه خراش و زخم بر پیکر خلق

تا مانده رمق به جانشان، چاره بجو!

نهصد رباعی

در جامعه‌ای که شد پریشان و تباه

جایی که به سینه نیست جز ناله و آه

رو شادی خود بساز و امّید بدار

کآخر بدمد سحر پس از شام سیاه

نهصد رباعی

ما را به خدا همین بُود جرم و گناه

کز راحت ما یکی کشد سختی و آه

بیچاره کسی که بابت قدرت و جاه

یک جامعه را نموده ویران و تباه

نهصد رباعی

از بابت درد و غم مکن جامه سیاه
از حسرت بیش و کم مکن ناله و آه

گر عقل و خرد چراغ راهت بودست
از قسمت لاجَرم مکن حس گناه

نهصد رباعی

۸۶۲

تا کی ز غـم گذشته‌ها آکنده

تا کی نگران که چون شود آینده

فارغ ز هر آن دو زندگی کن در حال

تا شاد و جوان بمانی و پاینده

نهصد رباعی

تا نوع بشر به دار دنیا بوده
دستش همه جا گشته به خون آلوده

ساقی! قدحی به رنگ قرمز چون خون
دستم بده تا بلکه شوم آسوده

۸۶۴

گر رانده شوم شبی من از میخانه

آواره شوم ز خانه و کاشانه

گم گشته به کوه و دشت و صحرا گردم

به زانکه روم به مسجد و بتخانه

نهصد رباعی

۸۶۵

با دین و پیمبری که پرداخته‌ای
الحق که جهان چو دوزخی ساخته‌ای

بختی بنگر چگونه بی هیچ گناه
ما را به چنین مصیبت انداخته‌ای

۸۶۶

ای آنکه فسرده از تماشا شده‌ای

دل خسته ز حال و روز دنیا شده‌ای

پندار همیشه بوده‌ای کور ولی

یکباره به هر دو دیده بینا شده‌ای

نهصد رباعی

ای آنکه اسیر کار و منزل گشتی
عمری چو خران مانده در گل گشتی

جامی بزن و بدان که از بی فکری
بیهوده در این زمانه بد دل گشتی

خود خفته، به دیگران رسالت دادی

بس خسته شدی! چرا خجالت دادی!

پیش از همه خود به آتش افکن، نه مگر

بهر همه وعده ی عدالت دادی؟

هر جا سخن از تو بر زبان، آزادی!

از پیر گرفته تا جوان، آزادی!

عمری شد و ما ز دیدنت محرومیم

رخساره ز ما مکن نهان، آزادی!

هیچ از رفقا نگرداز من یادی

نه در غم رفتگان نه در اعیادی

نشنید کسی چو آه دلتنگی من

رفتم که نگردد آه من فریادی

گر چهره‌ی تو گشاده باشد، بردی

در ساغر تو چو باده باشد، بردی

ور بر لب تو ز عشق و مستی هر شب

معشوقه لبی نهاده باشد، بردی

ای بنده! نماز و حج به غایت کردی
هر واجب و مستحب رعایت کردی

احسنت! ولی تمامشان باطل گشت
روزی که به نام من جنایت کردی

نهصد رباعی

ای مرشد دین که خنده را غم کردی

تضمین بهشت ما فراهم کردی!

هر جای دگر بُود چو جنّت ما را

از شرّ تو کاین جهان جهنّم کردی

نهصد رباعی

۸۷۴

رفتی و شدی رفیق یک نامردی

آسوده برو! ولی بدان بدکردی

در سینه ز خنجرش نبینی دردی!

هر جا که روی به خانه برمی گردی

نهصد رباعی

۸۷۵

یا دم به دقیقه غرق حسرت بودی
یا لحظه شمار کسب فرصت بودی

بودی نه تو را به زندگی ساعت خوش
چون خویش به زندگی چو ساعت بودی

ای کاش که یک دقیقه دختر بودی
ای کاش که یک دقیقه خواهر بودی

تا درک کنی چه کرده دینت با زن
ای کاش که یک دقیقه مادر بودی

نهصد رباعی

عمری به نبرد دیده با دل بودی
بیهوده اسیر دور باطل بودی

مانند خری تپیده در گل بودی
جز غصّه بگو تو را چه حاصل بودی

با مذهب و دین عذاب مردم بودی

وز عشرت زندگی نبردی سودی

می ترسم از آنکه عاقبت زین اعمال

پاداش و جزا نبینی از معبودی

در پای کسی اگر بخواهی خاری

آید ز جزای آن به پایت ماری

کس را چو دهی شکنجه یا آزاری

روزی به عقوبتش روی بر داری

نهصد رباعی

۸۸۵

از صلح و صفا اگر که رویا داری

پس از چه نشسته ای و پروا داری

گر منتظری کسی به پا برخیزد

از غیر خود انتظار بیجا داری

٨٨١

دست از سر من چه می شود برداری

یک لحظه مرا به حال خود بگذاری

ای غم که چنین جفا روا میداری

جز رنجش من مگر نداری کاری

نهصد رباعی

آغاز شود قصّه ز یک دیداری

با عشق و امید و رغبت بسیاری

با قیش شود به جستن دیناری

تا ختم شود به قاب بر دیواری

٨٨٣

محصول زمین اگر ز باران گیری

سالی کم و دیگری فراوان گیری

بر آنچه که از فلک رسد غصّه مخور

چون می‌گذرد چه سخت چه آسان گیری

نهصد رباعی

گویند جهنّمی به پا می‌سازی

ما را به میان شعله می‌اندازی

ما مهره‌ی بازی و تویی بازیگر

هر مهره که سوزد تو خودت می‌بازی

نهصد رباعی

ای آنکه به رنگ و روی خود می نازی
سرخوش به قمار عاشقی می تازی

زان لحظه که با دلی غمین می بازی
با هر بد و خوب زندگی می سازی

دادی به من اختیار و اندیشه بسی
گفتی نشوم اسیر دستان کسی

زین دست بدادی و گرفتی زان دست
کردی به غریزه ام مرا در قفسی

نهصد رباعی

۸۸۷

روزی ز طبیعتی گذر کرد کسی
واندر دل آن زباله افکند بسی

بود گرچه گرسنه، زد فغانش مگسی
حیوان دو پا! تو را باید قفسی

۸۸۸

اینسان که به حسرت جوانی باشی

تا پیر شوی دگر روانی باشی

جایش قدحی شراب ده ساله بنوش

تا سرخ و سفید و ارغوانی باشی

نهصد رباعی

از من رمقی نمانده دیگر، ساقی
از پای شدم فتاده دیگر، ساقی

دریاب من خراب و دیوانه که شد
پیمانه تهی ز باده دیگر، ساقی

مفتون جهان و غرق در حیرانی

با ناله و اشک و حسرت پنهانی

بیش از همه در تعجّبم ز آنانی

کآشفته نگشته اند از این نادانی

نهصد رباعی

هش دار! سخن اگر که بسیار کنی

خود را به حضور مردمان خوار کنی

ور موجز و عالمانه گفتار کنی

خلق از عطش و علاقه سرشار کنی

۸۹۲

بیهوده نشسته‌ای مرا خاک کنی

وز صحنه‌ی بزم زندگی پاک کنی

آنقدر به مستی‌ام تو را رقص دهم

تا آنکه فتاده سجده بر تاک کنی

نهصد رباعی

برخیز و برو به سوی دشت و دمنی

بنشین به فضای سبز سرو و چمنی

آسوده به زیر سایه بر سبزه بخواب

آکنده شو از شمیم یاس و سمنی

تا چند برای حاجتت پست شوی

محروم ز آنچه بایدت هست شوی

بگذر ز توقّعات و خود را دریاب

تا از هنر و لیاقت مست شوی

نهصد رباعی

ای آنکه نشان ز چرخ گردون خواهی

زین ورطه رهی به سوی بیرون خواهی

گر داشت فلک زبان جوابت میداد

خود بیخبرم! خبر ز من چون خواهی؟!

نهصد رباعی

روزی ز حضور جمع پیران به رهی
پرسید ز طالعش یکی پادشهی

گفتند به او که عاقبت چون دگران
یک کوزه شوی به گوشه‌ی کارگهی

ای آنکه مراد دل خود می جویی
دیگر ز چه رو مشکل خود می گویی؟

صد پند و نصیحت اگر از من خواهی
باز آن ره بی حاصل خود می پویی!

خوشدل چو شدی، بدان خودت نیکویی

بددل چو شدی، بدان خودت بدخویی

نسبت مده حال نیک و بد بر دگران

بر خصلت مردمان خودت الگویی

نهصد رباعی

۸۹۹

گر بار دگر سخن ز ملّت گویی

عمّامه به سر ز حکم و قدرت گویی

روزی برسد نشسته در محکمه‌ای

در محضر مردم از ندامت گویی

ره مانده ولی دگر نباشد نایی
بهر قدمی دگر نباشد پایی

آید سحری دگر نباشد مایی
وز ما اثری دگر نباشد جایی

Lightning Source UK Ltd.
Milton Keynes UK
UKHW020221020223
416313UK00002B/38